DECLARATION DV ROY,

ET NOVVEAV REGLEMENT

sur le faict des Monnoyes tant de France qu'Estrangeres.

Registré en la Cour des Monnoyes le 28. Iuin 1636.

A PARIS,
Chez SEBASTIEN CRAMOISY, Imprimeur ordinaire du Roy, & de la Cour des Monnoyes, ruë S. Iacques, aux Cicognes.

M. DCXXXVII.
Auec Priuilege de sa Majesté.

LOVIS par la grace de Dieu Roy de France & de Nauarre. A tous ceux qui ces presentes Lettres verront, Salut. Entre les soings du bien des Estats, il n'y en a point de plus vtiles que ceux que les Princes employent pour le Reglement des Monnoyes, qui donnent le prix & l'estimation à toutes choses, rendent la facilité au commerce, asseurent les fortunes des particuliers, & ausquelles consistét les plus grandes richesses des Royaumes. Mais de tous les Reglemens celuy qui a tousiours semblé plus necessaire, & duquel depend la principale partie de la police, est d'arrester le cours & la mise des especes Estrangeres, ou de reduire leur prix à vne iuste & legitime proportion, tant pour empescher que nos voisins, apres auoir tiré nos meilleures & plus fortes especes, ne les affoiblissent & ne les transforment en d'autres coings & en d'autres Monnoyes plus basses d'aloy & de poids. Que parce qu'il est aussi de la grandeur d'vn Prince & du bien de ses Subjects, que toutes les Monnoyes soient à ses coings & armes, & qu'elles portent son caractere & le titre qu'il leur a donné selon leur bonté interieure. En quoy les especes de France ont tousjours excedé le prix & la valeur des Estrangeres, par le soing tres-particulier que les Roys nos predecesseurs y ont apporté, & que nous auons tousjours conserué, tant que la necessité de nos affaires l'a peu permettre. Mais nous voyans obligez de soustenir les frais excessifs & la grande despense de la guerre, Nous auons esté contraint par noſtre Ediƈt du mois de Mars dernier, non ſeulement de tolerer le cours accouſtumé des Monnoyes Eſtrangeres, mais encore d'en ſurhauſſer le prix pardeſſus la vraye eſtimation & la bonté de leur matiere, afin d'inuiter nos voiſins à les enuoyer dans noſtre Royaume. Mais comme les ſuccés ne reſpondent pas touſiours aux bonnes intentions, & que l'experience deſcouure les inconueniens qui naiſſent ſouuent des bons Reglemens, il s'eſt trouué que pluſieurs excitez par vn gain illicite, ont tranſporté nos fortes Monnoyes dans les Prouinces Eſtrangeres, pour les refondre du fort au foible, & les conuertir en d'autres eſpeces alterées & empirées qu'ils ont ietté dans le commerce, qui alloit eſtre preſque reduit au ſeul tranſport & billonnement de nos eſpeces, par l'intelligence des Eſtrangers auec aucuns de nos Subjeƈts, en telle ſorte que s'il n'y estoït promptement pourueu, nostre Royaume seroit du tout espuisé de toutes les meilleures & plus fortes Monnoyes, à nostre tres-grand dommage, & à la ruyne de nos Subjets. A ces causes, desirans d'y apporter le remede conuenable selon l'importance du fait, & la necessité presente des affaires, qui ne permet pas vn meilleur & plus entier Reglement, mais tel que nos Subjects soient garentis d'vne notable perte dans la diminution des especes estrangeres; & que les Estrangers y puissent encore trouuer de l'aduantage, sans que pourtant ils puissent estre induits à tirer nos Monnoyes pour les billonner & les conuertir en d'autres especes plus foibles: SÇAVOIR FAISONS, que Nous de l'aduis de nostre Conseil, où ceste affaire a esté traitée & deliberée, & de nostre certaine science, pleine puissance, & authorité Royale, AVONS dit, declaré & ordonné, disons, declarons & ordonnons, voulons & nous plaist, que d'oresnauant à commencer du iour de la publication des presentes, les especes cy-apres declarées, & dont les portraicts sont figurez au cahier cy-attaché sous le Contreseel de nostre Chancellerie, n'auront cours, & ne seront exposées par tout nostre Royaume, pays, terres & seigneuries de nostre obeyssance, à plus haut prix qu'il est specifié audit cahier, toutes autres especes d'or ou d'argent estrangeres qui ne sont contenuës en la presente Declaration demeureront descriées de tout cours & mise, comme pareillement tout billon estranger de quelque fabrication qu'il soit; & defenses à toutes personnes de prendre, receuoir, exposer, ou mettre en cours & vsage autres especes que les susmentionnées, les surhausser de prix ou billonner, à peine de deux cens liures d'amende pour la premiere fois outre la confiscation des especes, & pour la deuxiesme de quatre cens liures d'amende, & bannissement à temps de nostre Royaume : & où ils seroient trouuez recidiuer outre lesdites amendes & bannissement, seront punis corporellement selon l'exigence du cas; le tiers de l'amende & confiscation applicable au denonciateur, par le moyen duquel la contrauention sera auerée. VOVLONS aussi & nous plaist, que le compte à escus & à pistoles, qu'on peut dire estre l'vne des causes de la despense & superfluité qui se remarque en nostre Estat, & de l'encherissement de toutes choses, n'aura point lieu en quelque sorte que ce soit ; & lequel compte nous auons interdit & defendu, interdisons & defendons : voulans que tous contracts, promesses, obligations, marchez, redditions de comptes, & tous autres actes quels qu'ils puissent estre soient causez, faits & dressez au

compte

compte à liure. SI DONNONS en mandement à nos amez & feaux Conseillers, les gens tenans nostre Cour des Monnoyes à Paris, que ces presentes ils facent lire, publier, & registrer, le contenu exactement garder & obseruer, sans qu'il y soit contreuenu en quelque sorte que ce soit. ENIOIGNONS à nos Baillifs, Seneschaux, Preuosts, leurs Lieutenans, & autres nos Officiers & Subiets de tenir la main à l'execution des presentes, & faire subir aux contreuenans les peines susdites, à peine d'en respondre en leurs noms; le tout nonobstant oppositions, ou appellations quelconques, desquelles, si aucunes interuiennent, nous auons reserué & attribué la cognoissance à nostredite Cour des Monnoyes, icelle interdisons & defendons à tous nos autres Cours & Iuges, nonobstant aussi quelconques Edits, Reglemens, Arrests, Lettres à ce contraires, ausquelles & aux derogatoires des derogatoires y contenuës, nous auons derogé & derogeons par cesdites presentes : à la copie desquelles deuëment collationnée par l'vn de nos amez & feaux Conseillers, & Secretaires, foy sera adioustée comme au present Original. CAR TEL EST NOSTRE PLAISIR. Et afin que ce soit chose ferme & stable à tousiours, nous auons fait mettre nostre Seel à cesdites presentes. Donné à Fontainebleau le vingt-cinquiesme iour de Iuin, l'an de grace mil six cens trente-six, & de nostre Regne le vingt-septiesme.

Signé, LOVIS.

Et sur le reply,

Par le Roy,

DELOMENIE.

Et seellé de cire iaune du grand Seel sur double queuë.

t encores est escrit sur ledit reply,

Leuës publiées & registrées en la Cour des Monnoyes, ouy sur ce le Procureur general du Roy, de l'exprés commandement de sa Majesté, porté par Messieurs d'Ormesson & d'Haligre, Conseillers du Roy en ses Conseils d'Estat & Priué, ordonné que coppies collationnées d'iceluy Edict seront enuoyées aux Bailliages, Seneschaussées, & Preuostez de ce Royaume, pour estre executées selon leur forme & teneur, Le vingt-huitiesme Iuin mil six cens trente-six.

Signé, DELAISTRE.

ENSVIVENT LES POR*traits, poids, & prix des especes d'or & d'argent, tant de France qu'Estrangere, ausquelles le Roy donne cours par la presente Declaration.*

PREMIEREMENT,

Escu sol du poids de deux denier quinze grains, trebuchant, pour cinq liures quatre sols.

Le demy à proportion.

FRANCE.

NOMEN DOMINI BENEDICTVM
FRANCISCVS DEI GRA FRANCORVM REX
XPS VINCIT XPS REGNAT XPS MPERAT
FRANCISCVS D GRA FRANCORVM REX
1549 SIT NOMEN DNI BENEDZ
HENRICVS 2 D G FRANCOR REX
XPS VINCIT XPS REGNAT XPS INPERAT
FRANCISCVS DEI GRA FRANCOR REX F

FRANCE.

Le demy.

Eſcu couronne du poids de deux deniers quatorze grains, trebuchant, pour cinq liures trois ſols.

Et le demy à moitié.

Le vieil Eſcu du poids de trois deniers, trebuchant, pour ſix liures.

Et le demy à moitié.

Francs à pied & à cheual, du poids de deux deniers vingt grains trebuchant, pour cinq liures quinze sols.

Franc à pied.

Franc à cheual.

Royaux d'or, du poids de deux deniers vingt grains, trebuchant, pour cinq liures douze sols.

Le double Henry du poids de cinq deniers dix-sept grains, trebuchant, pour vnze liures quatre sols.

Et le demy & quart à proportion.

FRANCE.

Le demy.

Le quart.

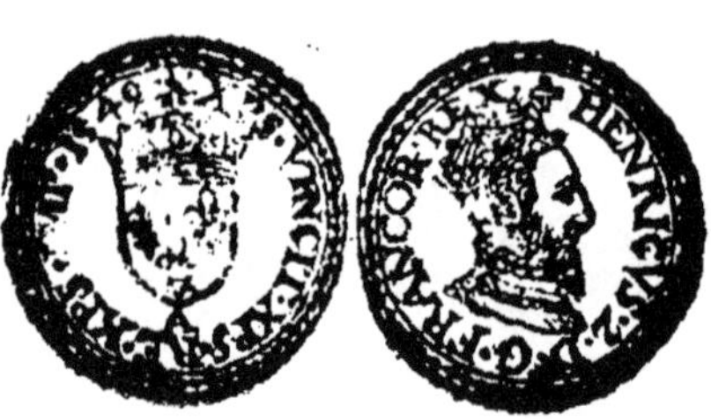

Celles d'Argent de France, et de Navarre.

Le Franc d'argent du poids de vnze deniers vn grain, trebuchant, pour vingt & ſept ſols.

Le demy & le quart à proportion.

France.

Navarre.

NAVARRE.

Le demy.

Le quart.

Pieces appellées cy-deuant Quart-d'escu, du poids de sept deniers douze Grains, trebuchant, pour vingt sols.

Et le demy à moitié.

FRANCE.

NAVARRE.

Le demy.

Teſton du poids de ſept deniers dix
ains, trebuchant, pour dix-neuf ſols
deniers.

Le demy à moitié.

HENRICVS II·D·G FRANCOR·REX
DVM TOTVM COMPLEAT ORBEM

DEI·G·FRANCOR·REX

SIT NOMEN DOMINI BENEDICTVM

NAVARRE.

REX NAVARRE

GRATIA DEI SVM QD SVM

Le demy.

Teſton de Dombes, du poids de ſept deniers dix grains, trebuchant, pour dix neuf ſols ſix deniers.

Et le demy à moitié.

ESPECES D'OR ESTRANGERES

Le double Ducat à deux testes d'Espagne & Flandres, du poids de cinq deniers dix grains, trebuchant, pour dix liures.

Le demy & quart à proportion.

FLANDRES.

Piſtoles d'Eſpagne de diuerſes fabrications, du poids de cinq deniers ſix grains, trebuchant, pour dix liures.

La demie, & le quadruple à proportiõ.

La demye.

Sainct Estienne de Portugal, dit Millerés, du poids de six deniers, trebuchant, pour neuf liures dix sols.

Le demy & quart à proportion.

Le demy.

Portugaiſe, autrement dite Quadruple deux cinquieſmes de Milleres, du poids de neuf deniers douze grains, trebuchant, pour quatorze liures ſeize ſols.

Le demy & quart à proportion.

Le demy.

Le quart.

Millerés à la petite croix, du poids d deux deniers dix - sept grains, trebuchant, pour quatre liures dix sols.

Millerés à la longue croix, du poids de deux deniers dix-sept grains, trebuchant, pour quatre liures cinq sols.

Noble à la rose d'Angleterre, du poids de six deniers, trebuchant, pour six liures dix sols.

Le demy à proportion.

Noble Henry d'Angleterre, du poids de cinq deniers dix grains, trebuchant, pour neuf liures dix sols.

Le demy à moitié.

Angelot d'Angleterre, du poids de 4. deniers, trebuchant, pour sept liures.

Le demy à moitié.

Iacobus d'Angleterre, d'Escosse, & ...idres d'Hollande vieil, pesant sept de-...iers vingt grains, trebuchant, pour trei-...e liures.

Le demy, quart & huictiéme à pro-...ortion.

ANGLETERRE.

ESCOSSE.

RIDRES.

Le demy.

Iacobus nouueau, pesant sept deniers deux grains, trebuchant, pour douze liures.

Imperial de Flandres, du poids de quatre den. quatre grains, trebuchant, pour ſept liures dix ſols.

Demy Imperial de bas aloy, du poids de deux deniers quatorze grains, trebuchant, pour trois liures quinze ſols.

Real de Flandres, du poids de quatre deniers quatre grains, trebuchant, pour sept liures dix sols.

Albertus de Flandres, du poids de quatre den. trebuchant, pour six liures.

Le demy, du poids de deux deniers neuf grains, trebuchant, pour trois liures.

Souuerain de Flandres, du poids de six deniers douze grains, trebuchant, pour treize liures.

Le demy & quart à proportion.

Demy Souuerain.

Eſcu de Flandres, dit Reyne, du poids de deux deniers quinze grains, trebuchant, pour quatre liures cinq ſols.

Eſcu Philippe de pareil poids & prix.

Autre Escu de Flandres, de pareil poids & prix.

Escu d'Escosse de pareil poids & prix.

Pistolé de Rome, Milan, Venise, lorence, & autres d'Italie, & d'ailleurs, lu poids de cinq deniers quatre grains, rebuchant, pour neuf liures douze sols. Le quadruple à proportion.

ROME.

VENISE.

FLORENCE.

PARME.

SAVOYE.

DOMBES.

ORANGE.

BESANÇON.

Escu d'Italie, & autres, du poids de deux den. quatorze grains, trebuchans pour quatre liures seize sols.

ROME.

BOLOGNE.

FERRARE.

LVCQVES.

SIENNE.

VENISE.

GENES.

VALENCE.

DOMBES.

LA MARK.

SAVOYE.

SAVOYE.

Geneue non contrefaites.

Pistole de Lorraine, du poids de cinq deniers quatre grains, trebuchant pour sept liures six sols.

La demie & quadruple à proportion.

La demye.

Pistoles de Sainɛte Dorothée, du Liege, & de Spinola, du poids de cinq deniers 4. grains, pour six liures cinq sols.

LIEGE.

SPINOLA.

Escu de Liege du poids de deux de-
iers quatorze grains, trebuchant, pour
rois liures huict sols.

Florin de Mets, du poids de deux de-
ers quatorze grains, trebuchant, pour
iquante - cinq sols.

Ridre de Frise, & Gueldres, du pois de deux deniers quinze grains, trebuchant, pour trois liures quinze sols.

FRISE.

GVELDRES.

Florin Real, du poids de deux deniers quatorze grains, trebuchant, pour trois liures quatre sols.

Ducats de l'Empire, Hongrie, Venise, Sauoye, & autres, du poids de deux deniers dix-sept grains, trebuchant, pour quatre liures dix sols.

Le double à proportion.

L'EMPIRE.

L'Empire.

Hongrie

Venise.

PARME.

SALZBOURG.

SAVOYE.

PRUSSE.

FRISE.

PROVINCES VNIES.

FERRARE.

VRQVIE.

ESPE-

Especes d'Argent Estrangeres.

Pieces de huict reales d'Eſpagne, de diuerſes fabrications, du poids de vingt-vn deniers huict grains, trebuchant, pour cinquante-huict ſols.

Celles de quatre, de deux, & ſimples à proportion.

Pieces de huict Reales.

Pieces de quatre Reales.

Pieces de quatre Reales.

Simples Reales.

Simples Reales.

Demye Reale.

Ducaton de Milan, du poids d'vne once vn denier, trebuchant, pour trois liures sept sols.

Piece de Milan, non Ducaton, du
oids de vingt-vn deniers douze grains,
ebuchant, pour trois liures.

Ducaton de Florence, Sauoye, Veni-
, & Parme, du poids d'vne once vn de-
ier, trebuchant pour trois liures sept
ols.

FLORENCE

FLORENCE.

SAVOYE.

VENISE.

PARME.

Ducaton de Flandres, du poids d'vne once vn denier huict grains, trebuchant pour trois liures cinq sols.

Le demy à proportion.

Le demy.

Ducaton d'Auignon du poids d'vne once, trebuchant, pour trois liures deux ſols.

Pieces d'Auignon, du poids de deux deniers neuf grains, trebuchant, pour cinq sols.

Philippes dalles de Flandres, du poids d'vne once vn gros, trebuchant, pour trois liures.

Le demy & le quint à proportion.

Le demy.

Le quint.

Patagons de Flandres, du poids de vingt-deux deniers, trebuchant, pour cinquante-quatre sols.

Le demy & quart à proportion.

Patagon de Flandres.

Patagon de Flandres.

Piece des Prouinces vnies, Dalle au Lyon, du poids de vingt vn deniers, trebuchant, pour trente-huict sols.

Piece de Zelande à l'Aigle, du poids de quinze deniers douze grains, trebuchant pour trente sols.

Piece de Frise, dit gros Bonnet, du poids de quatorze deniers, trebuchant, pour vingt-huict sols.

Pieces de Liege non contrefaites, du poids de treize deniers douze grains, tres-buchant, pour vingt-sept sols.

La demie à proportion.

Pieces

Piece de Liege.

Dalles de l'Empire, du poids de vingt-deux deniers, trebuchant, pour cinquante-cinq sols

Dalles de l'Empire.

Dalles de l'Empire.

Teston d'Orange, du poids de sept deniers dix grains, trebuchant, pour quinze sols.

Vieux Testons de Lorraine, d'Antoine, & Charles, du poids de sept deniers huit grains, trebuchant, pour quinze sols.

LORRAINE.

Autres Teſtons d'Henry & Charles de Lorraine, dont les portraits enſuiuent que ceux de Mets, du poids de ſept deniers, trebuchant, pour quatorze ſols.

Lorraine.

Mets.

Teston du Cardinal de Lorraine, fabriquez au moulin, du poids de six deniers quinze grains, trebuchant, pour treize sols six deniers.

Teſton de Dole, du poids de ſix deniers douze grains, trebuchant, pour douze ſols.

Teſton de Beſançon, non le demy, du poids de ſix deniers, trebuchant, pour douze ſols.

Chellins d'Angleterre, du poids de quatre deniers douze grains, trebuchant, pour vnze sols.

Le demy à proportion.

Piece de Flandre, du poids de quatre deniers, trebuchant, pour six sols.

Pieces

Pieces de Flandres.

Real de Flandres, du poids de deux deniers dix grains, trebuchant, pour cinq sols.

Piece de Flandre, du poids de deux deniers, trebuchant, pour deux sols six deniers.

Pieces de Zelande, du poids d'vn denier six grains, trebuchant pour vn sol six deniers.

Le Gros de Lorraine, pour dix deniers.
Et le demy à moitié.

L'an mil six cens trente-six le trentiéme Iuin, la Declaration & nouueau Reglement fait par le Roy sur le cours des Monnoyes, contenu cy-dessus, a esté leu & publié à son de trompe & cry public aux carrefours & autres lieux, tant ordinaires qu'extraordinaires de cette ville & faux-bours de Paris, en la presence de nous Iean Gerin, premier Huißier en ladite Cour des Monnoyes, Nicolas Lambert, & Nicolas de la Boißiere, Huißiers en icelle soussignez, par Simon le Duc Iuré Crieur en ladite Ville, Preuosté & Vicomté de Paris, accompagné de Mathurin Noiret Iuré Trompette, & de deux autres Trompettes: comme aussi a esté ladite Declaration & Reglement affiché par nous en tous les lieux accoustumez de ladite ville & faux-bourgs de Paris, à ce qu'aucun n'en pretende cause d'ignorance. Signé Gerin, Lambert, & la Boissiere.

Collationné à l'original par moy Greffier en chef en la Cour des Monnoyes, soubsigné.

TABLE DES ESPECES, ET PRIX d'icelles, contenuës en la presente Declaration.

PRIVILEGE DV ROY

LOVIS par la grace de Dieu Roy de France, & de Nauarre. A nos amés & feaux Conseillers, les gens tenans nostre Cour des Monnoyes à Paris, & à tous nos autres Iusticiers & Officiers qu'il appartiendra, Salut. Afin que nostre nouuelle Declaration sur le Reglement general des Monnoyes puisse plus commodément, & sans qu'il y soit rien obmis, venir à la cognoissance de tous nos Suiets, Nous auons commandé à Sèbastien Cramoisy nostre Imprimeur & Libraire ordinaire & Bourgeois de Paris, de faire tailler toutes les figures & planches necessaires pour l'impression de ladite Declaration, de laquelle nous luy commandons d'imprimer vn fort bon nombre de copies, & icelles enuoyer pour estre véduës & distribuées par toutes nos Prouinces, terres & pays de nostre obeissance. Mais dautant qu'il craint qu'apres auoir suiuant nostredit commandement, auancé plusieurs frais necessaires, tant pour auoir fait tailler quantité de figures, que pour les impressions & distributions generales desdites copies, quelques Libraires ou Imprimeurs, mesmes ceux prenans qualité de nos Libraires & Imprimeurs ordinaires demeurans és autres villes de ce Royaume, s'ingerent d'imprimer semblablement ladite Declaration, ou la voulussent contrefaire, ce qui luy tourneroit à grande perte & dommage, atendu que plusieurs ont imprimé nostre precedent Edict du mois de Mars dernier auec des figures qu'ils ont falsifiées, & fait autrement qu'elles ne doiuent estre, qui apporte de la perte à nos Suiets, & audit exposant, qui nous a tres-humblement supplié luy pouruoir de nos Lettres à ce necessaires. A CES CAVSES, Nous auons de nostre grace speciale, permis audit exposant faire imprimer nostredite Declaration sur le Reglement general des Monoyes, faire tailler en telle forme & caracteres les figures & planches necessaires pour l'impression d'icelle, ainsi que nous luy auons commandé, en faire imprimer vn fort bon nombre de copies, & icelles enuoyer pour estre vendues & distribuées par toutes nos Prouinces, terres & pays de nostre obeïssance, pendant sept ans, durant lesquels nous defendons à tous Imprimeurs & Libraires en telle Ville, Vniuersité, ou Parlement de ce Royaume qu'ils soient, d'imprimer nostre nouuelle Declaration, ny faire tailler les figures & planches necessaires pour l'impression d'iceluy, sans le consentement dudit Cramoisy, ou de ses ayans cause, en vendre, ny distribuer aucunes copies, qui ne soient de l'impression dudit exposant, & de sesdits ayans cause, à peine aux contreuenans de trois mil liures d'amende, le tiers à nous applicable, l'autre aux pauures de l'Hospital sainct Germain des prez, & l'autre audit exposant, confiscation des exemplaires, & de tous ses dommages & interests: & ce nonobstant quelsconques Lettres, Priuileges, & Arrests à ce contraires; ausquelles pour bonnes considerations à ce nous mouuans, auons, à l'égard de l'impression de ladite Declaration seulement, derogé par ces presentes; à la charge d'en mettre deux exemplaires d'icelle en nostre Bibliotheque, & vne és mains de nostre tres-cher & feal Cheualier, Chancelier de France, le sieur Seguier. SI vous mandons, & à chacun de vous ordonnons endroit soy, si comme à luy appartiendra, que de nostre present Priuilege & du contenu en iceluy, vous souffriés & laissiés iouïr & vser ledit Cramoisy plainement & paisiblement, en contraignant & faisant contraindre par toutes voyes deuës & raisonnables, tous ceux qu'il appartiendra. MANDONS au premier nostre Huissier ou Sergent sur ce requis, faire pour l'execution des presentes tous actes & exploits requis & necessaires, sans demander aucun congé, placet, visa, ne pareatis, nonobstant clameur de Haro, Chartre Normande, prise à partie, & autres Lettres à ce cõtraires. Voulant qu'aux copies des presentes, collationnées par vn de nos amez & feaux Conseillers & Secretaires, foy soit adioustée comme au present original, & qu'en mettant au commencement ou à la fin de ladite Declaration & Reglement copie des presentes, ou vn extrait sommaire d'icelles, elles soient tenuës pour signifiées à qui il appartiendra. CAR tel est nostre plaisir. DONNÉ à Paris le vingt-sixiesme iour de Iuin, l'an de grace mil six cens trente-six, & de nostre Regne le vingt-septiesme. PAR le Roy en son Conseil, VICTON. Et seellé du grand sceau sur simple queuë de cire iaune.

www.ingramcontent.com/pod-product-compliance
Ingram Content Group UK Ltd.
Pitfield, Milton Keynes, MK11 3LW, UK
UKHW020344180726
13839UKWH00002B/899

9 782329 341354